EMG3-0197
合唱楽譜<スタンダード>
STANDARD
CHORUS PIECE

合唱で歌いたい！ スタンダードコーラスピース

混声3部合唱

心に花を咲かせよう

作詞：山本瓔子　作曲：上田真樹

●●● 曲目解説 ●●●

東日本大震災後に"復興の歌"として話題となった合唱曲『あすという日が』の作詞者・山本瓔子によるアンサーソングです。無我夢中で泣きながら筆を進めたというその詩には、復興への願いと共に、明日を信じて力強く生きていこうという、山本氏渾身のエールが綴られています。上田真樹による芸術的で優しさにあふれる華やかな音楽にのせて、人々の心に勇気や誇り、希望という花を咲かせていくかのような、前向きで心温まる合唱曲に仕上げられました。明るい未来へ繋がる合唱曲として、多くの人と心を一つにいつまでも歌い継いでいきたい作品です。

【この楽譜は、旧商品『心に花を咲かせよう〔混声3部合唱〕』（品番：EME-C3097）と内容に変更はありません。】

ELEVATO
MUSIC ENTERTAINMENT

心に花を咲かせよう

作詞:山本瓔子　作曲:上田真樹

9
い い こ と が あ る ち い さ な は な はー ち い さ く て も
て を た ず さ え る く る し み の な かー は じ め て し ーっ た
い い こ と が あ る あ る ち い さ な は な はー ち い さ く て も
て を た ず さ え る ー ー く る し み の な かー は じ め て し ーっ た
い い こ と が あ る あ る ち い さ な は な はー ち い さ く てー も
て を た ず さ え る く る し み の な かー は じ め て し ーっ た
13
f
mf
い の ち の か ぎ り さ い て い る あ な た ー も ひ と
や さ し い こ と は つ よ い こ と て い ね ーい に い き
い の ち の か ぎ り さ い て い る あ な た ー も ひ と
や さ し い こ と は つ よ い こ と て い ね ーい に い き
い の ち の か ぎ り さ い て い る あ な た ー も ひ と
や さ し い こ と は つ よ い こ と て い ね ーい に い き
18
p
つ わ た し ー も ひ と つ ち い さ ー く て い
て い ーっ しょう けん め い い き て ひ ーっ そ ー り で い
つ わ た し ー も ひ と つ ち い さ ー く て い
て い ーっ しょう けん め い い き て ひ ーっ そ ー り で い
つ ー ー わ た し ー も ひ と つ ー ち い さ ー く て い
て ー ー い ーっ しょう けん め い い き て ー ひ ーっ そ ー り で い

22
mf
い こ こ ろ に は な を ー ー さ か せ よ う あ な た
い こ こ ろ に は な を ー ー さ か せ よ う て い ね
い こ こ ろ に は な を ー ー さ か せ よ ー う あ な た ー も ひ と
い こ こ ろ に は な を ー ー さ か せ よ ー う て い ね ーい に い き
い こ こ ろ に は な を ー ー さ か せ よう あ な た も
い こ こ ろ に は な を ー ー さ か せ よう て い ねい に
26
ー も ひ とつ わ た し ー も ひ とつ ー ー ち い さ く
ーい に い きて い ーっ しょう けん め い い きて ー ー ひ ーっ そ り
つ わ た し ー も ひ と つ ち い さ ー く て い
て い ーっ しょう けん め い い き て ひ ーっ そ ー り で い
ひ と つ わ た し も ひ と つ ち い さ く
い き て いっ しょう けん めい い き て ひ ーっ そ り
30
f
1.
て い い き ぼ う の つ ぼ みー さ か せ よ う
で い い ゆ う き を だ し てー さ か せ よ う
い き ぼ う の つ ぼ みー さ か せ よ う
い ゆ う き を だ し てー さ か せ よ う
て い い き ぼ う の つ ぼ みー さ か せ よ う
で い い ゆ う き を だ し てー さ か せ よ う

Elevato Music
EMG3-0197

50
mf
ら　あなたもひとつ　わたし　ーもひとつー
た　ーもひとつ　わたし　ーもひとつ　ちい
たあなたもひとつ　わたしもひとつ
54
f
ーちいさくていいこころにはなをー　さかせよ
さ　ーくていい　こころにはなをー　さかせよ
più f
ちいさくていいこころにはなをー　さかせあな
f
58
Con spirito
うあなたもひとつわたし　ーわたしもひと
うあなた　ーーもひとつーわたしもひとつちい
たーもひとつひとつ　わたしもひとつひとつ
Con spirito

62
p
cresc.
つ ち い さ く て い い こ こ ろ に は な を ー ー
p
mf
さ く て い い こ こ ろ に は な を ー ー ー き ぼ う の
mf parlando
ち い さ く て い い こ こ ろ に は な を ー ひ ー っ そ り で い い ー
p
cresc.
66
f
ー ゆ う き を だ し て ー ー こ こ ろ に は な を
cresc.
div.
つ ぼ み ー Uh こ こ ろ に は な を
cresc.
Uh Uh こ こ ろ に は な を
70
ff
molto allarg.
div.
ー さ か せ よ う Ah
ff unis.
ー さ か せ よ う Ah
ff
div.
ー さ か せ よ う Ah
molto allarg.
ff
ff

MEMO

心に花を咲かせよう

作詞：山本瓔子

今日を　笑顔で　すごしたならば
あしたも　かならず　いいことがある
小さな花は　小さくても
いのちのかぎり　咲いている
あなたもひとつ　わたしもひとつ
小さくていい
心に花を咲かせよう
希望の　つぼみ　咲かせよう
しあわせは
じぶんで作る　ものだから

愛は　たがいに　わかちあうもの
ゆるして　ゆずって　手をたずさえる
苦しみのなか　はじめて知った
やさしいことは　つよいこと
ていねいに生きて　いっしょうけんめい生きて
ひっそりでいい
心に花を咲かせよう
勇気を　出して　咲かせよう
いのちって
うけつがれていく　ものだから

MEMO

MEMO

ELEVATO
MUSIC ENTERTAINMENT

ELEVATO
MUSIC ENTERTAINMENT

エレヴァートミュージックエンターテイメントはウィンズスコアが
展開する「合唱楽譜・器楽系楽譜」を中心とした専門レーベルです。

ご注文について

エレヴァートミュージックエンターテイメントの商品は全国の楽器店、ならびに書店にてお求めになれますが、店頭でのご購入が困難な場合、当社PC&モバイルサイト・電話からのご注文で、直接ご購入が可能です。

◎当社PCサイトでのご注文方法

http://elevato-music.com

上記のアドレスへアクセスし、WEBショップにてご注文ください。

◎お電話でのご注文方法

TEL.0120-713-771

営業時間内に電話いただければ、電話にてご注文を承ります。

◎モバイルサイトでのご注文方法

右のQRコードを読み取ってアクセスいただくか、
URLを直接ご入力ください。